PEQUENOS
ESPAÇOS

**Truques para ampliar
22 apartamentos de 25 a 70 m²**

Apresentação

A CADA DIA moramos em espaços menores. As cidades se agigantam, os preços dos terrenos também, e como consequência os imóveis diminuem. Se antes vivíamos em casas de 180, 200 m² (com um só banheiro, é claro), hoje habitamos apartamentos de 50 m². As questões cruciais são: dá para ter uma casa minúscula e bonita? Dá para ter uma casa minúscula organizada e funcional? A resposta para as duas perguntas, felizmente, é sim. Neste livro reunimos dicas preciosas que se propõem a ajudar você a fazer isso: são 22 apartamentos, de incríveis 25 m² a 70 m². Todos lindos. Todos parecendo ser muito maiores do que de fato são.

É importante saber que uma coisa é a arquitetura, a relação da pessoa com o espaço. Muitos cômodos, e muito pequenos, são sempre uma solução ruim. Na tentativa de valorizar o imóvel, as construtoras anunciam dois quartos e dois banheiros onde caberia meio. Pense nas suas necessidades – e no seu bem-estar. Derrube as paredes e integre os cômodos: transforme um quarto numa extensão da sala, ou una a cozinha e a sala de estar, ou tome as duas providências.

Outra solução importante é a luz, muita luz (verifique com cuidado antes de comprar ou alugar), que amplia o ambiente. E o uso de um mesmo material no piso, que aumenta a sensação de amplitude. Estantes e armários também são curingas de espaços pequenos. Acomodam aparelhos, livros, peças. Funcionam como mesas, dividem ambientes. Até escondem a cozinha – é verdade, você vai ver aqui.

Além da parte arquitetônica, a decoração é item fundamental no seu apê ou casinha diminutos. Não há aí nenhum resquício de frescura. Um lugar pequeno não pode estar entulhado com dezenas de móveis, que atrapalham a circulação e restringem o olhar. Desfaça-se de móveis grandalhões, lance mão de peças multiusos (pufes que funcionam como mesinha ou banquinho), coloque espelhos em lugares estratégicos. Use cores claras nas paredes e dê preferência a persianas e cortinas secas em vez daquelas cheias de panos.

Você vai ver. Inspirando-se nas nossas dicas, sua casa vai ficar linda e fácil de viver. Vai parecer muuuito maior. E, o principal, você vai ficar bem feliz dentro dela. Que é o que mais interessa, não?

Aproveite o seu espaço sagrado – seja lá de que tamanho for. Beijo,

Renata Rangel
Diretora de Casa e Jardim

Sumário

25 m² Piso escuro, móveis claros. Mais espaço!......pág. 8

30 m² Efeitos mágicos....................................pág. 14

32 m² Painel poderoso...................................pág. 20

35 m² Tudo curvo...pág. 26

40 m² Soluções de aluguel............................pág. 32

41 m² Cozinha secreta..................................pág. 38

42 m² Móveis contidos, boa circulação...................pág. 42

42 m² Pronto para receber.............................pág. 48

43 m² Quebra de parede aumenta o espaço...........pág. 54

45 m² Pitada de romance...............................pág. 60

45 m² Esconde-esconde moderno.........................pág. 66

45 m² Sala e quarto ampliados.........................pág. 72

45 m² Móveis grandes, sem estorvo.....................pág. 76

45 m² Luxo em tons escuros............................pág. 82

50 m² A sala invade o terraço.........................pág. 88

53 m² Para alongar a sala, estante....................pág. 94

55 m² Domínio da claridade.............................pág. 100

60 m² Harmonia em tons iluminados.....................pág. 106

60 m² Cobertura repaginada............................pág. 112

60 m² Tudo aberto e uniforme..........................pág. 118

69 m² Saem as paredes, entram os armários.........pág. 124

70 m² Reforma moderna................................pág. 130

**$** (até R$ 500 o m²)
**$$** (entre R$ 501 e 1.000 o m²)
**$$$** (entre R$ 1.001 e 1.500 o m²)
**$$$$** (acima de R$ 1.500 o m²)

25m²

Piso escuro, móveis claros.
Mais espaço!

Em preto, tábuas estreitas de madeira parecem "esticar" os ambientes integrados. Instalada em suporte pivotante, a TV é a estrela: pode ser vista de diferentes lugares da charmosa quitinete

Para economizar espaço na bancada, a luminária foi fixada na parede em cima do computador

Os equipamentos de som e vídeo ficam na estante de aço colocada ao lado da mesa de trabalho, feita de carvalho natural e com acabamento arredondado, nas medidas 2 x 0,55 m

AO CONTRÁRIO do que se costuma pensar, o piso escurecido dá a sensação de amplitude nesta quitinete de 25 m² reformada pela arquiteta Fabiana Frattini e pela decoradora Carla Manfrini Azzolini. De peroba ebanizada, as tábuas estreitas colocadas no sentido do comprimento ajudam a alongar o espaço. Para compensar o piso escuro, as paredes foram pintadas em tom fendi-suave e os móveis, feitos sob medida, são de madeiras claras como o carvalho natural e o freijó composto. A exceção é a cama, confeccionada de carvalho ebanizado. Com 1,80 x 2,35 m, a peça sem cabeceira fica embaixo da janela, que é fechada por cortina blecaute em tom claro, com a altura e a largura da parede.

No lado oposto, junto à porta de entrada, a cozinha ocupa a lateral do corredor com armários brancos e bancada de granito preto. Na frente, o banheiro possui porta de correr externa, para economizar espaço interno. Mas a melhor solução do projeto é a TV giratória, instalada no centro do apartamento. O aparelho divide os espaços da sala, do quarto e do escritório, em suporte de aço pivotante para ser visto de vários cantos.

Cozinha, sala, escritório e quarto ficam no mesmo espaço, unificado com piso escuro de madeira

O piso de tábuas estreitas de peroba ebanizada, colocadas no comprimento, ajuda a alongar o apartamento

Os eletrodomésticos foram encaixados em nichos nos armários feitos sob medida

Para compensar o piso escuro, as paredes foram pintadas em tom suave de fendi. O efeito é sóbrio, sofisticado e masculino

A cozinha completa ocupa a lateral do corredor de entrada, em frente ao banheiro

Em cima da bancada de granito preto São Gabriel, o cooktop vitrocerâmico tem duas bocas

Infalível para duplicar a área, o espelho reveste a parede inteira onde está recostada a mesa de jantar, de 1,10 x 0,75 m, feita sob medida com freijó composto

A porta de correr em trilho externo liberou espaço para circulação no banheiro

O suporte de aço pivotante para a TV mede 2,58 m de altura e 0,10 m de espessura. Permite girar o aparelho para todos os lados

Sem espaço para criados-mudos e com a cortina da janela fazendo as vezes de cabeceira, a solução foi fixar a luminária na parede ao lado da cama

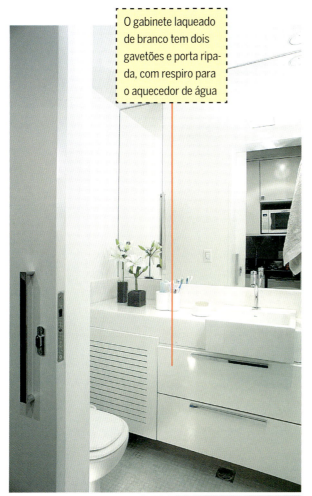

O gabinete laqueado de branco tem dois gavetões e porta ripada, com respiro para o aquecedor de água

O banheiro todo branco ficou espaçoso e iluminado. O espelho até o teto em toda a parede em cima da bancada amplia o ambiente

A bancada tem apenas 30 cm de profundidade; a cuba, 40 x 40 cm

Perfil do morador:
produtor musical recém-separado da mulher

Grande solução:
escurecimento do piso e instalação da TV em suporte giratório no centro do apartamento

Serviços executados:
colocação de moldura de gesso no teto e piso de madeira peroba ebanizada; pintura geral; instalação de home theater; reforma dos armários da cozinha; colocação da bancada de granito São Gabriel; troca do antigo revestimento por pastilhas de vidro, dos metais e das louças e instalação da bancada de mármore Espírito Santo no banheiro; marcenaria sob medida do armário planejado, da cama, da escrivaninha com gaveteiro, da mesa de jantar e do gabinete laqueado

Duração da obra:
um mês e meio

Custo total: **$$$$**

PEQUENOS ESPAÇOS | 13

Pequeno no tamanho, este apê é farto de ideias. O piso de epóxi clareia e amplia. Painéis de policarbonato isolam o quarto com leveza. E até as medidas micros das pastilhas de vidro fazem a área parecer maior

Efeitos mágicos

A DIVISÓRIA de policarbonato entre o quarto e a sala é a vedete deste apartamento de 30 m² reformado pelas arquitetas Fernanda Moreira e Mariana Simas. A peça pintada de branco foi colocada onde antes havia uma parede de alvenaria. Com porta de correr, faz a integração dos ambientes e permite maior privacidade quando necessário. Outra escolha de efeito é o piso branco de epóxi, que amplia visualmente o espaço porque não tem rejunte. Apesar de claro, é de fácil manutenção. No quarto, o morador preferiu o aconchego do carpete, em tom de gelo.

As paredes foram pintadas com tinta acrílica acetinada branca. Somente a área acima da bancada da cozinha recebeu pastilhas de vidro de 2 x 2 cm. "Quanto menor o revestimento, maior fica o ambiente", diz Fernanda. "Escolhe-mos o mix de brancas e pretas porque são neutras e dão um ar masculino." A mesa de centro de madeira compensada com laminado preto foi o ponto de partida para a confecção dos outros móveis, feitos sob medida nos mesmos padrões. "O laminado é prático para quem mora sozinho", diz a arquiteta. A mesa de jantar comprida divide a sala e a cozinha, que é totalmente aberta.

A mesa de refeições de 1,80 x 0,60 m funciona também como bancada, separando a cozinha e a sala

O piso da cozinha e da sala é revestido de epóxi branco, que amplia visualmente o apartamento

Translúcidas, as cadeiras de acrílico verde não bloqueiam o olhar para o restante do ambiente

As pastilhas de vidro em preto e branco têm efeito mágico: quanto menores as peças (2 x 2 cm), maior fica o espaço

A divisória de policarbonato garante a integração dos ambientes e tem porta de correr para isolar o quarto

As portas de correr nos armários liberam espaço para a circulação e para o criado-mudo

Para economizar espaço no dormitório, a cabeceira da cama foi substituída por painel com foto da cidade de São Paulo. Leves, os cubos de acrílico verde têm a função de criado-mudo

Perfil do morador:
empresário solteiro que vive entre Miami e São Paulo

Grande solução:
divisória transparente e piso de epóxi branco

Serviços executados:
piso de epóxi; iluminação; instalação de divisória, de carpete, dos armários do quarto, da cozinha e do banheiro; colocação de pastilhas e da pedra de granito na cozinha; pintura geral

Duração da obra:
um mês

Custo total: $$

32m²

Painel
poderoso

Sem novas paredes de alvenaria, ex-salão de festas vira loft com um esperto painel de madeira. O móvel reúne atividades como acomodar TV, computador e objetos decorativos e ainda separa o closet, a sala e a cozinha

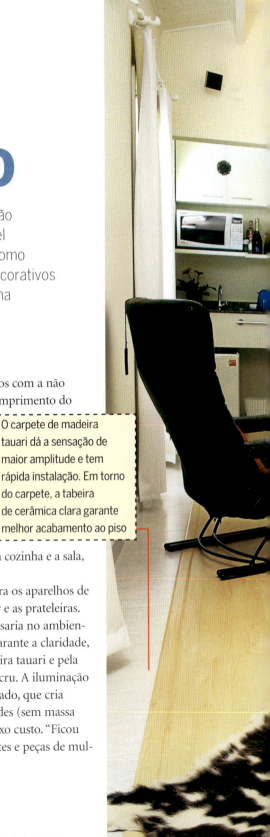

PELO MENOS 30 cm foram economizados com a não construção de novas paredes de alvenaria no comprimento do antigo salão de festas de 32 m² transformado em loft pelos decoradores Magda Papacena Braga e Armando Garcia. Fora o banheiro, que já existia, os ambientes são separados por peças de marcenaria e móveis sob medida, para aproveitamento racional do espaço. O ponto alto da obra é o painel de madeira – na verdade uma estante –, que concentra atividades de trabalho e lazer e separa o closet, a cozinha e a sala, onde fica também o quarto.

No painel estão fixados o armário baixo para os aparelhos de TV, som e vídeo, a bancada para o computador e as prateleiras. "Se fizéssemos estante fechada, ficaria cara e pesaria no ambiente", diz Magda. O acabamento de laca branca garante a claridade, já proporcionada pelo piso de carpete de madeira tauari e pela pintura das paredes com tinta acrílica em tom cru. A iluminação é feita por spots colocados nas tesouras do telhado, que cria pé-direito alto. O acabamento rústico das paredes (sem massa fina) reforça o aspecto informal na obra de baixo custo. "Ficou com o espírito de loft: despojado, com ambientes e peças de multiuso", afirma a decoradora.

> O carpete de madeira tauari dá a sensação de maior amplitude e tem rápida instalação. Em torno do carpete, a tabeira de cerâmica clara garante melhor acabamento ao piso

Os ambientes são definidos pela marcenaria e pela decoração. A peça-chave da reforma é o painel de madeira que separa o closet, instalado ao lado da cozinha

Na bancada de granito com saia de alvenaria para esconder o sifão da pia, o puxador cromado é para pendurar pano de prato

A mesa com tampo de vidro redondo e suporte de aço cromado foi instalada na ponta da bancada para exercer dupla função: apoio para a área de trabalho e para as refeições

A cozinha foi instalada no canto e tem tudo o que o morador precisa para preparar refeições rápidas

As coleções ficam nas prateleiras vazadas, que ajudam a dar leveza ao ambiente

A área de trabalho ocupa o espaço maior. Embaixo, o vão tem altura para o gaveteiro de aço

O lazer e o escritório estão concentrados na estante laqueada de branco com bancada em "L". A TV fica em cima de móvel com nicho para aparelhos de som e vídeo, além de gavetas e portas para CDs e DVDs

Atrás da estante, o espaço pode ser isolado da minicozinha por porta de correr, com acabamento de laca e puxador cromado

O closet em "L" tem sapateira grande e armários revestidos de tauari

A ducha foi separada dos sanitários por parede de tijolos de vidro, para manter a claridade

O banheiro existente no salão de festas foi aproveitado, mas passou por pequenas mudanças. Fora da área de banho, os azulejos brancos foram pintados com tinta acrílica antimofo. A bancada ganhou espelho redondo bisotado com 90 cm de diâmetro

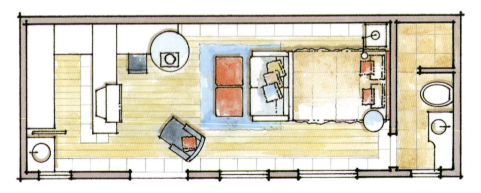

Perfil do morador:
jovem solteiro, profissional liberal, que trabalha em casa

Grande solução:
estante concentra várias atividades e separa ambientes, mantendo a amplitude de loft

Serviços executados:
troca de piso; marcenaria separando ambientes; pintura de paredes; criação de boxe com parede de vidro no banheiro

Duração da obra:
um mês

Custo total: $$

Para manter o pé-direito alto, as tesouras do telhado ficaram aparentes e foram pintadas de branco

No lugar do criado-mudo, a mesa lateral redonda, com estrutura de metal cromado e tampo de vidro, tem altura ajustável

O sofá de couro tem a mesma largura da cama e delimita as áreas de estar e de descanso. A área de estar é definida pelo tapete. Para não pesar e enjoar, as cores só entraram em peças pequenas. A cama americana não tem cabeceira, para economizar de 15 cm a 20 cm de área

Tudo curvo

Multifuncionais, os móveis têm formas orgânicas: ocupam os espaços sem atrapalhar a circulação. Com acabamento de laca branca, contrastam com o piso escuro e permitem organizar tudo

O APARADOR de linhas sinuosas tem a função de mesa de jantar numa extremidade mais larga e, na outra, de suporte para a TV. O centro mais estreito favorece a circulação pela sala até a sacada, em frente ao sofá de dois lugares. Como esse, outros móveis foram concebidos com formas orgânicas e feitos sob medida pelo decorador Fernando Piva, que ocupou racionalmente cada canto, mas deixou espaços livres e abertos, tornando agradável o apartamento de 35 m². "A forma orgânica faz toda a diferença: otimiza os espaços e ajuda na circulação. Dá a função com leveza", diz Piva.

Diante da necessidade de armazenamento da moradora, de objetos decorativos a CDs, ele criou estantes em todas as paredes da sala.

Todo esse trabalho de marcenaria recebeu acabamento de laca branca. "A ideia foi criar contraste com o piso laminado em tom de cedro escuro, para passar a sensação de espaço maior", afirma o decorador.

Para não achatar o pé-direito, o rodapé é pintado de branco, igual às portas, em tonalidade próxima ao tom de gelo das paredes. Os ambientes claros são aquecidos

A iluminação pontual marca a mesa de refeições e destaca o quadro e a estante

pelos tons de marrom das cadeiras, fendi e cru do chenile, que reveste o sofá, e bege da camurça do pufe. "Importante: por menor que seja o apartamento, tudo branco fica árido", diz Piva. Na cozinha aberta para a sala, ele escondeu os eletrodomésticos embaixo da bancada e revestiu a parede com lambris de madeira para dar melhor acabamento.

A persiana na cor alumínio controla a luminosidade sem ocupar espaço. Sobre o piso laminado de cedro, o tapete de sisal com borda de juta traz aconchego

Para liberar a circulação na sala, o móvel principal tem formas orgânicas e múltiplas funções

PEQUENOS ESPAÇOS | 27

Entre as colunas, ao lado da janela, foi criada a estante com acabamento de laca

O quadro vermelho de Florean contrasta com o branco do sofá e das paredes

A cozinha tem comunicação com a sala pela abertura da janela acima da bancada da pia. O vão é aberto na largura da bancada e na altura da viga de concreto

Ao lado da porta de entrada, o móvel baixo tem frisos que ampliam visualmente o espaço e escondem as divisões das portas, com abertura por toque

Em frente ao sofá e junto ao passa-pratos, o móvel tem apenas 21 cm de profundidade

As curvas têm profundidade maior (68 cm) na mesa de refeições e no móvel para a TV

> Com laterais arredondadas, a bancada e as prateleiras formam o canto de trabalho em frente à entrada da cozinha

Quase todas as paredes foram ocupadas com prateleiras, que não bloqueiam a passagem. O rodapé pintado na mesma cor da parede dá a sensação de pé-direito mais alto

Perfil do morador:
jovem tradutora e intérprete, solteira

Grande solução:
móveis com formas orgânicas, que ocupam todas as paredes sem atrapalhar a circulação

Serviços executados:
piso laminado; rodapés de madeira; todos os móveis da sala, da cozinha e do quarto; iluminação; pintura geral

Duração da obra:
três meses

Custo total: $$$$

No quarto, a madeira imbuia aquece. Piva economizou pelo menos 8 cm ao substituir a cabeceira pelo lambri de 2 cm na cama boxe

Só coube criado-mudo numa das laterais da cama

No armário do quarto, as portas têm espelho para ampliar o ambiente. Embaixo da cama ficam dois gavetões de cada lado, para roupa de cama e banho

PEQUENOS ESPAÇOS | 31

40m²

Soluções
de aluguel

Carpete de madeira clara e rodapé alto dão acabamento leve e sofisticado – sem quebradeira. Como a ideia é levar tudo com a mudança, móveis versáteis e desmontáveis acomodam, com graça, aparelhos e objetos

Diante da impossibilidade de realizar obras neste apartamento alugado de 40 m², o arquiteto Antonio Gomes Junior instalou carpete de madeira patinado como solução rápida para substituir o piso escuro, sem depender de quebradeira. Para deixar o imóvel sofisticado, ele colocou moldura de gesso e rodapé de MDF com 50 cm de altura e trocou as maçanetas e dobradiças das portas e os puxadores dos armários por peças modernas. Tudo foi renovado com pintura clara, que deixou os ambientes visualmente amplos. As paredes da sala receberam tinta látex PVA na cor cinza e as do quarto branca. Todo o madeiramento foi pintado com esmalte acetinado branco-neve.

Como o morador não quis instalar nada que não pudesse ser removido com sua mudança, Junior optou por móveis que fossem peças-chave, versáteis e resistentes, de acordo com o tamanho dos ambientes. "No lugar de armários, a saída foi comprar estantes metálicas, aramadas e cromadas, que têm visual leve e podem ser desmontadas", diz Junior. Os aramados, assim como as mesas com tampos de vidro, não bloqueiam a visão porque são vazados e, por isso, não reduzem os espaços. Para não travar a circulação, ele substituiu as mesas laterais por baú e gaveteiro, que armazenam materiais e dão apoio lateral. "Na ausência de marcenaria planejada, a melhor opção são as peças com dupla função", afirma.

Em vez de spots de embutir, que não podem ser levados na mudança, a iluminação foi instalada em trilho no teto

Embutidas no gesso, a cortina de algodão rústico e a tela solar são leves e filtram a luz intensa

O baú metálico tem a função de guardar materiais e de apoio para garrafas e copos

O tapete de pele de vaca faz brincadeira em preto e branco e reforça o aspecto masculino da decoração. Para ampliar visualmente a sala, o piso recebeu carpete de madeira no padrão de pátina branca

PEQUENOS ESPAÇOS | 33

Mais prática, a mesa de jantar quadrada (80 cm) pode ser encostada, liberando a circulação

O aparador de madeira laqueada de branco tem apenas 40 cm de profundidade

Na sala, nada é pesado, fechado ou escuro. As paredes foram pintadas de cinza e há peças em branco e em preto

Apoio lateral para o sofá, o gaveteiro tem duas gavetas normais e uma de pastas suspensas

O sofá tem pouco volume e revestimento de couro ecológico, que é de fácil manutenção

Poltronas leves de vime são sempre bem-vindas em espaços menores

Com dois cavaletes pintados de preto e o tampo de vidro, a escrivaninha tem 60 cm de profundidade

O escritório, como o resto da sala, é desmontável. Tudo pode ser levado. As duas estantes metálicas são usadas para guardar livros e caixas com papéis e documentos. O rodapé alto (50 cm) dá melhor acabamento e requinte ao apartamento pequeno

No banheiro, apenas os metais, torneiras e registros foram trocados por peças mais bonitas

Em vez de gabinete, baú de palha (90 x 50 x 60 cm) guarda produtos de higiene e toalhas

PEQUENOS ESPAÇOS | 35

O morador prefere assistir a filmes no quarto, onde foram colocados os aparelhos do home theater e a TV

A torre de acrílico guarda CDs e DVDs em frente à janela fechada pela cortina no varão de aço

A cama (1,60 x 1,88 m) encostada na parede oposta à da porta de entrada não atrapalha a passagem. Como a reforma não teve custo elevado, valeu a pena investir em roupas de cama sofisticadas

A iluminação é feita por dois abajures em cima do baú, neutralizado em razão de ter a mesma cor da parede

Edredons e cobertores vão para o baú alto e estreito (25 cm), que funciona como cabeceira

Perfil do morador:
homem solteiro

Grandesolução:
colocação de carpete de madeira patinado, que dá a sensação de espaço maior

Serviços executados:
piso de carpete de madeira; gesso no teto; rodapés altos de MDF; espelho; iluminação; pintura em geral

Duração da obra:
um mês

Custo total: $$

41 m²

Cozinha secreta

Ver TV, guardar CDs, acomodar roupas de cama... Um único móvel, que serve o quarto e a sala, é o trunfo para manter em ordem este apê. E tem mais: uma cozinha que se esconde atrás de portas do tipo camarão

> O espelho com moldura de madeira ajuda a aumentar o espaço

SOMENTE O BANHEIRO era separado por paredes neste apartamento de 41 m². Para criar ambientes aconchegantes e com espaços adequados para armazenamento, o designer de interiores Rodrigo de Moura Albuquerque criou armários que separam o quarto da sala e colocou portas do tipo camarão que fecham a área da bancada da cozinha. Toda a marcenaria e as paredes externas de alvenaria foram pintadas de branco, em agradável contraste com o piso de tacos de eucalipto. "O branco sempre aumenta e ilumina", diz Albuquerque, que incluiu outros móveis de estilo clássico no tom natural da madeira. Ele fez cortinas na mesma cor, para quebrar a luz sem fazer volume, nas portas do tipo balcão da sala e do quarto.

O principal móvel é a estante multiuso: tem nicho no meio para TV, com base giratória, que pode ser vista dos dois ambientes; prateleiras e gavetas para CDs e DVDs, no lado da sala; e gavetões para guardar roupa de cama, no do quarto. A mesa de jantar, com estrutura de ferro e tampo de vidro, fica encostada em parede de madeira formada pelo fundo do guarda-roupa, com portas de correr que abrem no quarto. Os dois cômodos são totalmente isolados com o fechamento do painel de correr, que desaparece entre os armários. Charmoso, o grande espelho com moldura de madeira escurecida é mais que um truque para ampliar o apartamento.

A cozinha ocupa apenas o vão, ao lado da porta, com 1,91 m de largura por 0,60 m de profundidade

Duas portas do tipo camarão laqueadas escondem ou integram totalmente a cozinha. Disposta na área de divisão dos ambientes, a mesa de jantar com base de ferro e tampo de vidro mede 1,50 x 0,75 m

Aconchegante, a sala tem canto de leitura formado pela poltrona clássica e por uma luminária de pé. A estante multiuso tem 99 cm de largura por 72 cm de profundidade. A moldura de madeira em torno da TV esconde as instalações

Versáteis, as cadeiras com braços viram poltronas quando levadas para perto da mesa de centro

Perfil do morador:
consultora internacional de pequenas e médias empresas

Grande solução:
armários para separar quarto e sala e portas do tipo camarão para esconder cozinha

Serviços executados:
piso de tacos de eucalipto; estante e armários laqueados; bancada e frontão de granito; armários de cozinha; troca de revestimentos do banheiro; rebaixamento do teto para instalar lâmpadas R70; cortinas; pintura em geral

Duração da obra:
três meses

Custo total: $$

A mesa de centro tem estrutura de banco e pode ser usada como assento

O branco predomina, dando continuidade visual, o que torna a sala maior. As cortinas de linho são da cor do varão, do sofá e das paredes

No quarto, o nicho embaixo da TV é ocupado por carrinho (35 cm de profundidade) com gavetões. Em cima, prateleiras (29 cm de profundidade) para colocar porta-retratos e outros objetos

Em base giratória (52 cm), pode-se assistir à TV na sala e no quarto. A estante que separa os ambientes tem prateleira de vidro, nichos e gavetas voltados para a sala

O cooktop vitrocerâmico, com dois queimadores, tem visual limpo

Tudo organizado na cozinha, que tem armários revestidos de laminado branco

Para não poluir o espaço integrado, a lixeira fica em gaveteiro deslizante

PEQUENOS ESPAÇOS | 41

42 m²

Móveis contidos, boa circulação

Aqui, o trunfo para não roubar espaço é a marcenaria planejada, em uma madeira que não pesa visualmente em razão das paredes e do piso claros. Painéis de correr que liberam o pé-direito duplo dão charme

O APARADOR com apenas 0,24 m de profundidade ocupa a largura da parede, 1 m, entre a porta do lavabo e a entrada da cozinha, sem atrapalhar a passagem. Suspenso para conferir leveza ao ambiente, este e os outros móveis deste apartamento dúplex de 42 m² foram projetados com medidas enxutas pela decoradora Vivian Calissi. Assim, coube tudo e ainda sobrou espaço com folga para a circulação. As peças de linhas retas são de imbuia, madeira escura que não pesa porque faz contraste com o piso laminado no padrão de pátina branca e as paredes em tom de fendi-claro. A eliminação da porta da cozinha também ampliou a passagem sem fazer a integração total com a sala.

No piso superior, uma parede foi demolida porque impedia a visão para a sala de estar. Uma vidraça, que ocupa a altura do pé-direito duplo, garantiu melhor iluminação e ventilação natural ao quarto. Quando for necessário maior privacidade, o cômodo pode ser isolado pelos painéis de correr revestidos com foto em preto e branco do centro de São Paulo.

Com apenas 24 cm de profundidade, o aparador não atrapalha a passagem

A mesa (0,90 x 1,40 m) encostada na parede também libera espaço

O espaço para circulação na sala ficou largo com os móveis estreitos. Os pufes têm dupla função: apoio, como mesa central, e assento. Painéis de correr com foto de São Paulo fecham o quarto no pé-direito alto

A mesa de vidro não obstrui a visão e dá a sensação de que o espaço é maior

A porta da cozinha foi retirada para integrar ambientes

Os aparadores suspensos dão leveza à sala iluminada pela grande vidraça

Bancada e gabinete de imbuia têm forma de semicírculo, para facilitar a entrada

O piso laminado no padrão pátina branca permitiu móveis de imbuia, uma madeira escura

Embaixo da escada, o lavabo tem o mesmo acabamento do restante da casa

PEQUENOS ESPAÇOS | 45

> As luminárias pendentes liberam espaço nos criados

> A disposição da cama (1,46 x 1,94 m), que tem a cabeceira encostada nos painéis de correr, permitiu criado-mudo (54 x 32 cm) nas duas laterais

> De imbuia, o gaveteiro alto com nicho para TV otimiza o espaço

Na parede maior do quarto, onde costuma ficar a cama, coube um armário de dimensões normais (2,83 x 0,62 m). As portas laqueadas ajudam a ampliar o ambiente com paredes brancas. O tapete da cor do laminado dá aconchego

Na entrada do boxe, o gabinete tem nichos com profundidade menor, igual à da coluna hidráulica

Espelho grande e vidro transparente no boxe aumentam visualmente o banheiro. Toda a largura da parede é ocupada pelo gabinete de imbuia (1,34 x 0,55 m)

Perfil do morador:
executivo do Rio de Janeiro

Grande solução:
móveis feitos sob medida, na proporção do uso e do tamanho dos espaços

Serviços executados:
demolição da parede de alvenaria no quarto, substituída por painéis de correr revestidos com foto em preto e branco; colocação de piso laminado no living, na escada e no quarto; instalação de luminárias; marcenaria e pintura geral

Duração da obra:
quatro meses

Custo total: $$$

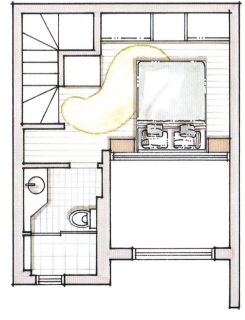

42 m²

Pronto para receber

Uma reforma esperta deu ao flat uma minicozinha que fica oculta das salas de estar e de jantar por meio de jogo de painéis. Com isso, os convidados dos moradores curtem só o bem-bom da festa

A SALA de 25 m² foi dividida em cozinha, sala de jantar e de estar para que os donos deste flat de 42 m², que moram em Fortaleza, pudessem receber os amigos quando estão em São Paulo. Para criar esses ambientes, a designer de interiores Cilene Monteiro Lupi instalou armários, estante multiuso e painéis de madeira que isolam a cozinha da sala num canto de apenas 4 m². As refeições são servidas em mesa de jantar feita de tampo de vidro apoiada na estrutura tipo escada da estante, que de um lado tem nicho para TV e do outro armário para bebidas.

Outros móveis foram criados: um aparador com gaveteiro e rodízios, que fica embaixo do passa-pratos, com porta retrátil, e a cristaleira na parede lateral junto à porta de entrada. "Coloquei foto em preto e branco impressa em película nos vidros das portas de correr para dar leveza", diz Cilene, que acrescentou uma porta de correr entre o quarto e o banheiro para dar maior privacidade ao casal. Na criação da cozinha, ela colocou os painéis de uma forma que a bancada, com pia, fogão de dois queimadores e armários, não é vista da sala. Alguns painéis compõem o nicho da geladeira e são removíveis para facilitar a manutenção.

No alto da estante de imbuia, o armário fechado por vidros leitosos guarda copos e bebidas

A mesa de vidro (1,60 x 0,75 m) tem apoios na estante e na coluna de aço no chão

Além dos estofados de tons neutros, cubos flexíveis formam a mesa de centro e também servem de assento

As salas de estar e de jantar são integradas por estante multiuso

O vão de 1,80 x 0,35 m, ao lado da porta de entrada do flat, foi bem aproveitado. A cristaleira, com 30 cm de profundidade, ocupa todo o vão e tem dois volumes para dar leveza

Para não atrapalhar, o aparador com rodízio fica embaixo do passa-pratos com tampo de vidro

Painéis brancos com detalhes de imbuia formam labirinto para a cozinha não ser vista da sala

Na cozinha, a bancada de granito tem 1,50 m de comprimento. A pia foi instalada onde já havia um ponto de água e o fogão tem dois queimadores

O piso de madeira cumaru entra até o corredor da cozinha, para dar continuidade ao ambiente

50 | PEQUENOS ESPAÇOS

A estante é fixada no teto e no chão. Possui nicho para TV e carrinho baixo com 1 m de largura

PEQUENOS ESPAÇOS | 51

Boxe ocupa menos espaço do que a cortina anterior

O carrinho tem gavetinhas e porta basculante para roupas sujas

No banheiro, o espelho com armário armazena artigos de higiene, cremes e perfumes

Perfil do morador:
casal de meia-idade que mora em Fortaleza e está sempre em São Paulo

Grande solução:
instalar cozinha no canto da sala em um flat ou apartamento de hotel

Serviços executados:
bancada de granito com pia e fogão; gabinetes, armários e estante com mesa; painéis de madeira como divisórias; portas de correr; piso; elétrica, iluminação e pintura em geral

Duração da obra:
três meses

Custo total: $$$$

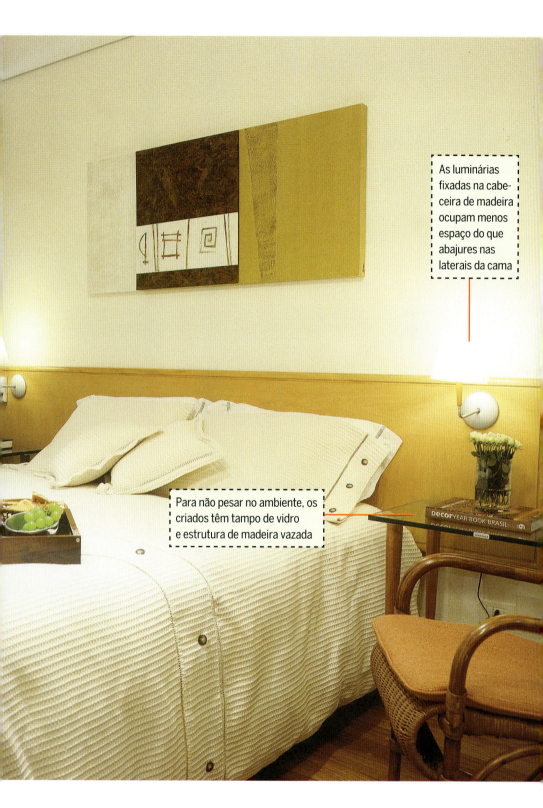

As luminárias fixadas na cabeceira de madeira ocupam menos espaço do que abajures nas laterais da cama

Para não pesar no ambiente, os criados têm tampo de vidro e estrutura de madeira vazada

43m²

Quebra de parede aumenta o espaço

Em pequenos espaços, todo e qualquer centímetro faz diferença. Aqui, a troca de parede e portas por painéis de madeira laqueada tornou os ambientes maiores. Essa sensação é reforçada pelo uso maciço do branco

SÓ FOI POSSÍVEL colocar a geladeira na cozinha deste apartamento de 43 m² depois da remoção da parede de alvenaria, que ocupava 13 cm preciosos na separação com a sala. Para fechar o ambiente, um painel fixo de madeira e outro de correr – que, juntos, somam 7 cm de espessura – foram instalados durante a reforma, realizada pelo decorador Reinaldo Casagrande. Outra mudança importante ocorreu na abertura da porta de correr da varanda – antes era no meio e passou a ser apenas numa lateral. "Pude colocar o sofá encostado na parte fixa da porta. Antes não era possível porque atrapalhava a passagem", diz Casagrande.

A colocação de espelho na parede onde fica a mesa de jantar foi fundamental para dar amplitude ao living. Outro truque essencial foi a escolha de um tapete que cobrisse toda a área com piso de madeira clara. "Além de aquecer, o tapete grande integra os ambientes de estar e jantar. Se pusesse dois pequenos, quebraria a continuidade, o que reduziria visualmente o espaço", afirma o decorador. Ele conseguiu um efeito mágico ao instalar um painel de madeira pintada de branco na lateral do espelho da sala de jantar, com acabamento semelhante ao da porta de entrada. Também nivelou o piso da varanda com o da sala, colocando deque de madeira. "A sensação é de espaço único."

O sofá pôde ser encostado no painel fixo da porta-janela com a troca da abertura, que antes era no meio e passou a ser numa das laterais

A sala é integrada à varanda pela porta-janela com cortina up-and-down de linho, que não tem volume

Para o efeito de continuidade, um deque de madeira foi colocado na varanda para nivelar o piso com o da área social

PEQUENOS ESPAÇOS | 55

O painel de MDF, no mesmo padrão da porta, cobre a caixa de luz e amplia o espaço

Sobre o piso de madeira, apenas um tapete grande é usado para integrar a sala de estar e a de jantar

O branco predomina, mas é quebrado pela decoração com detalhes em vermelho e preto. Espaço duplicado com o espelho colocado na parede onde fica a mesa de jantar

Para quebrar a frieza das pastilhas vistas na parede, a varanda tem móveis de madeira garapeira sobre o piso de deque

Preciosos 6 cm foram poupados na área da cozinha com a troca da parede pelos painéis de MDF fixo e de correr. Para alongar os espaços, os painéis possuem sulcos horizontais de 2 cm

Feitas para guardar livros, as prateleiras são abertas numa das laterais e têm pouca profundidade

A substituição da cabeceira pelo painel com prateleiras possibilitou a colocação de cama com 2m

Embaixo da cama boxe spring há práticos gavetões para organizar roupas

Em forma de "U" invertido, a bancada de trabalho, de madeira laqueada, conta com gaveteiro solto produzido do mesmo material

Todo laqueado de branco, o armário tem estante central com gaveteiro e nichos para TV e DVD

O mármore branco está no piso, na bancada e no frontão alto, dando unidade ao banheiro. Maior amplitude: acima do frontão, a parede é toda revestida de espelho

O gabinete ocupa todo o espaço embaixo da bancada, que é mais estreita perto do boxe, na área onde fica o vaso sanitário

As três portas do gabinete têm puxadores grandes. Neles podem ser penduradas toalhas de rosto

Perfil do morador:
jovem casal sem filhos

Grande solução:
substituição de parede de alvenaria por porta de correr da cozinha para a sala

Serviços executados:
demolição de parede de alvenaria; colocação de portas de correr; espelhos e painéis de madeira laqueada nas paredes; piso e bancada de mármore; piso e deque de madeira; armários; pintura em geral

Duração da obra:
quatro meses

Custo total: $$

Pitada de romance

Meia-parede coberta com toile de Jouy no espaço de jantar e móveis clareados deram romantismo ao dúplex. No mezanino, a estrela é o guarda-corpo: a peça organiza objetos, deixa ventilar, escurece o quarto...

Poucas intervenções foram realizadas pela arquiteta Cristina Bozian para dar um ar romântico ao dúplex de 45 m^2, como desejava sua cliente, uma jovem executiva. Ela manteve o piso de parquete tabuleiro de xadrez de madeira marfim na sala e no lavabo, entregue pela construtora. Mesmo com piso de cerâmica, a cozinha continuou aberta para a sala. Para separar os ambientes, Cristina colocou a mesa de refeições para duas pessoas encostada na parede, que foi forrada até a metade com espelho e o restante com tecido toile de Jouy. Um lustre antigo de cristal arremata o clima de bistrô francês.

A principal mudança aconteceu no mezanino, com a substituição do guarda-corpo, que era de ferro vazado, pelo de madeira com fundo fechado por venezianas. "Funciona como um brise para escurecer um pouco o quarto, sem bloquear a ventilação, e tem nichos com 17 cm de profundidade, suficientes para guardar livros", diz a arquiteta, que pintou a peça de branco. Ela ainda adaptou móveis da moradora, clareando os tons, e colocou porta de correr no lavabo.

O aparador, com exceção do tampo, foi pintado de branco

O tapete claro de pele de alpaca amplia o ambiente com piso de madeira marfim escurecida

O mobiliário da moradora foi aproveitado, mas passou por adaptações. Não podia continuar escuro

Em vez de abajur, que ocuparia espaço na mesa lateral, lustre pendente do teto

O sofá Manchester, que era de couro sintético preto, ficou reto, perdeu o capitonê e recebeu chenile

A corrediça do tipo boxe foi substituída por uma mais bonita, de inox

A parede vermelha integra os dois pavimentos

Para ganhar 5 cm no lavabo, a porta de correr, de madeira freijó, foi colocada para fora

A cozinha de 5,15 m2, aberta para a sala, ganhou ar de bistrô com lustre de cristal antigo

A persiana foi colocada na janela em cima da pia para clarear o caixilho preto

Para não atrapalhar a circulação, a mesa de refeições, feita por marceneiro, tem medidas especiais (70 x 70 cm) e fica encostada na parede. As cadeiras e o painel de madeira fixado na parede, abaixo do espelho, são revestidos com tecido toile de Jouy. Por estarem na área social, os armários são de MDF pintado de branco não velado e abertos em cima, com louças à mostra

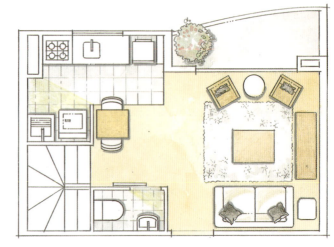

A papeleira foi pintada de branco, como as paredes, em contraste com o piso de madeira

A cama perdeu a cabeceira para melhorar a circulação no quarto

A estante tem fundo de veneziana, que reduz a entrada de luz e mantém a ventilação no quarto

Com 3,25 m de comprimento e 0,90 m de altura, o móvel baixo de madeira pintada de branco substituiu o guarda-corpo de ferro no mezanino

Perfil do morador:
jovem executiva solteira

Grande solução:
substituição do guarda-corpo do mezanino, que era de ferro vazado, por outro de madeira com nichos e fundo de veneziana

Serviços executados:
marcenaria; elétrica; serralheiro; vidros; espelhos; piso e iluminação

Duração da obra:
quatro meses

Custo total: $$

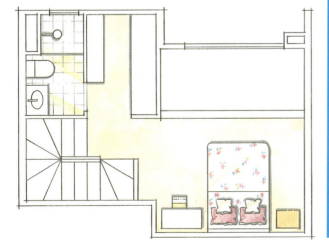

Esconde-esconde
moderno

Paredes abaixo e... o living ganhou amplitude, ousadia e um visual limpo, graças ao armário com portas de vidro que oculta os equipamentos da cozinha e do home theater

P ARA DAR APARÊNCIA de loft ao dúplex de 45 m², todas as paredes do primeiro pavimento foram demolidas no projeto do escritório Triptyque, executado pela arquiteta Marina Brandão Teixeira. No living de 24 m², os equipamentos da cozinha e do home theater foram concentrados em um moderno armário com portas de vidro jateado com corrediças. A peça, com 3,86 m de largura e 0,75 m de profundidade, ocupa a parede inteira onde ficavam a cozinha e a lavanderia, das quais foram aproveitadas apenas as instalações hidráulica e elétrica. A pia e o fogão cooktop ficam camuflados na bancada e na parede de madeira com acabamento de laca preta brilhante, igual ao das portas com abertura por toque, que escondem os eletrodomésticos.

O espaço único parece maior com o piso de epóxi cinza. Em vez de muitos móveis, a arquiteta colocou apenas um sofá grande, dois pufes e a estante-escrivaninha presa no chão e no teto em haste com sistema pivotante. Como tem a altura do pé-direito duplo (5 m), o móvel faz a ligação dos dois pavimentos. No mezanino, o quarto recebeu piso de madeira cumaru, que também está nos degraus da escada com estrutura de ferro pintado de branco. A mesma cor foi usada no guarda-corpo do mezanino, em todas as paredes, no teto e no acabamento laqueado da cama com gavetões e do restante da marcenaria.

> As portas de vidro jateado com corrediças escondem os equipamentos da cozinha e do home theater

As cortinas rolô brancas deixam penetrar a luz pelas janelas

A luminária presa no teto dispensa a mesa lateral como apoio, no espaço com poucos móveis

A sala ficou ampla (15,70 m²) com a demolição de todas as paredes e com o piso de epóxi cinza

PEQUENOS ESPAÇOS | 67

A pia e o fogão ficam camuflados na bancada preta

Os equipamentos de home theater e da cozinha aparecem quando as portas de vidro são recolhidas. Os eletrodomésticos são escondidos pelas portas laqueadas de preto, sem puxadores, com abertura por toque

A sacada com piso de pedriscos virou um canto de leitura com poltrona e mesinha de apoio

A estante possui a altura do pé-direito duplo e está fixada em haste pivotante presa no teto e no piso

O escritório fica concentrado na estante-escrivaninha com acabamento de laca e vidros coloridos.
O sofá largo é formado por duas chaises juntas

Na estante giratória, as prateleiras mais altas podem ser acessadas pelo mezanino ou pela escada

Embaixo da cama, feita sob medida, há três gavetas de cada lado para aproveitar melhor o espaço

O quarto é revestido de piso de madeira cumaru, o mesmo dos degraus da escada

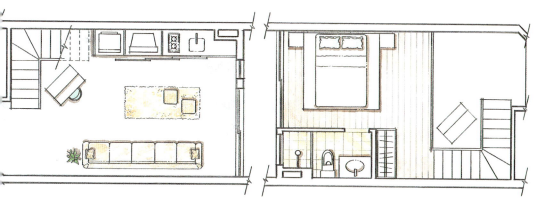

> O teto rebaixado é da área onde estavam as paredes demolidas da cozinha e da lavanderia

A escada e o guarda-corpo são de ferro pintado de branco, como as paredes e o teto, dando unidade ao dúplex

Perfil do morador:
fotógrafo solteiro

Grande solução:
retirada de paredes da cozinha para integrar todo o andar térreo

Serviços executados:
retirada de paredes da cozinha; colocação de piso de madeira no piso superior e na escada; aplicação de piso epóxi no primeiro pavimento; marcenaria feita sob medida de acordo com as necessidades do cliente, aproveitando cada espaço; pintura e iluminação

Duração da obra:
um mês

Custo total:

45 m²

Sala e quarto
ampliados

Um armário no lugar de uma parede fez milagre: expandiu o quarto, mas roubou espaço na sala, que, por sua vez, foi reforçada com a integração da sacada. Resultado: mais amplitude, claridade – e organização

O QUARTO ficou 20 cm maior com a demolição de uma parede e a colocação, no lugar, de um armário que avançou 10 cm para a sala na reforma deste apartamento de 45 m², assinada pelas decoradoras Martha Haberbeck e Cristiane Jacobsen Bisker, com execução do engenheiro Sérgio Szprynger. A perda na sala foi compensada com a incorporação da sacada de 1,60 x 2,30 m. No total, o ambiente ficou com 12 m². "Para disfarçar o fundo do armário (que organiza roupas da moradora) atrás do sofá, fizemos uma textura acrílica igual à das paredes", diz Martha.

Na ampliação da sala, as esquadrias e as portas-janelas de alumínio foram retiradas e vidros sem caixilhos foram instalados em cima do guarda-corpo, para fechar a sacada, protegida por cortina rolô. Para a integração ficar perfeita, o piso foi nivelado com a colocação de deque de madeira. A sensação de amplitude é ainda maior porque a parede da cozinha foi demolida até a metade e ganhou bancada de mármore branco com mesa alta acoplada. Com outros truques de decoração, o apartamento ficou claro, prático e aconchegante.

> Fundo do armário do quarto, a parede de madeira, atrás do sofá, recebeu textura acrílica, como as outras

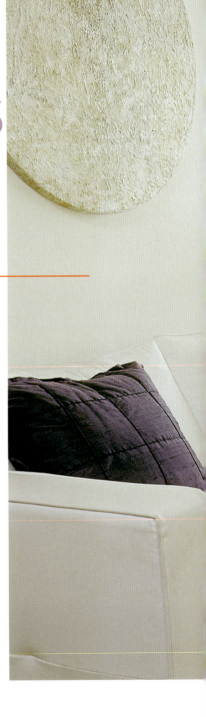

Vidros sem caixilhos foram instalados em cima do guarda-corpo, para fechar a sacada, que recebeu cortinas rolô

A sala ampliada para a sacada ficou com 12 m². Estreita, ganhou dois ambientes. As esquadrias e as portas-janelas foram retiradas. O piso foi nivelado com a colocação de deque de madeira

A cozinha foi integrada à sala com a demolição da parede até a altura de 1 m. Os revestimentos, os armários e os eletrodomésticos brancos foram mantidos. O piso laminado em marfim e as paredes brancas clareiam e ampliam o ambiente

Para reduzir o volume e melhorar a circulação, o canto externo do armário é chanfrado e tem nichos

Na mesma altura do bufê de imbuia, a mesa é uma continuação da bancada de mármore

O quarto sem porta é separado da sala pelo armário, que substituiu a parede demolida. Prateleiras de vidro com formas orgânicas apoiam objetos sem pesar no ambiente

74 | PEQUENOS ESPAÇOS

O painel de madeira quadriculado em meia-parede atrás da cama substitui a cabeceira. A textura com tinta roxa na parede atrás da cama dá a sensação de profundidade e aquece o quarto

Perfil do morador:
casal jovem sem filhos

Grande solução:
demolir parede para ampliar o quarto e fechar sacada para aumentar a sala

Serviços executados:
demolição de paredes; remoção de portas e esquadrias; nivelamento do piso; fechamento da sacada com esquadrias e vidro; colocação de armário separando quarto e sala; acabamentos de gesso; texturas nas paredes; bancada de mármore; marcenaria e pintura em geral

Duração da obra:
três semanas

Custo total: $$

O armário entre o quarto e a sala tem largura de 2,87 m e profundidades de 0,55 m na ponta e 0,80 m no restante

PEQUENOS ESPAÇOS | 75

Móveis grandes, sem estorvo

Dá para ter um sofá de três lugares num apê de 45 m²? Com a retirada da porta e da parede da cozinha, o móvel passou a delimitar espaços e ainda faz companhia a um rack com 2,5 m de comprimento

> O móvel baixo (2,5 x 0,40 m), com nicho, tem gavetões na parte inferior; acomoda a TV e os demais aparelhos do home theater

A ELIMINAÇÃO da porta e de uma das paredes da cozinha para a sala permitiu a colocação de um mobiliário maior neste flat de 45 m², com dois quartos, que ficou com cara de casa de verdade, e não de apartamento de hotel. "Deixamos apenas a parede de 0,60 m, que tem a profundidade da bancada da pia e da geladeira. Ganhamos 0,40 m, que conta muito em espaços pequenos", afirma o designer de interiores Francisco Cálio, que fez a mesa de jantar, revestida de laca branca, com 1,20 m de comprimento para separar a cozinha da sala de estar.

> A mesa de jantar acaba tendo também a função de apoio lateral para o sofá

Encaixada na parede, a mesa funciona como divisória e tem 0,90 m de largura – a mesma profundidade do sofá preto de três lugares, com 2 m de comprimento. Alinhado à mesa, o sofá dá continuidade a essa separação, delimitando, atrás, a passagem para os quartos e o banheiro. "A proprietária abria mão de tudo em nome de um estofado mais confortável", diz o designer.

Na reforma, Cálio ampliou também o vão do hall de entrada de 0,90 para 1,30 m, o que permitiu decorá-lo com aparador e espelho grande, e trocou a porta do segundo quarto por uma do tipo camarão, que precisa de menos espaço para ser aberta. Além disso, rebaixou o teto com gesso para instalar a iluminação de spots embutidos e colocou o piso laminado no padrão pátina branca. Em frente ao sofá, sobrou espaço para o móvel com rodízios, desenhado com profundidade de 0,40 m (menor em relação aos convencionais), mas que acomoda todos os aparelhos de som e vídeo do home theater. "Como tem 2,5 m de comprimento, dá a impressão de que alonga a parede pintada em tom de fendi-claro", diz Cálio.

A cortina de tecido bem franzido dá efeito de blecaute

O quarto menor tem porta dobrável, do tipo camarão; quando aberta, ocupa menos espaço que uma porta convencional

O estofado é preto porque fica no meio da sala. Não reduz o espaço e dá personalidade ao projeto

No espaço pequeno do flat, o grande desafio era obter uma cara de moradia com o uso de móveis confortáveis. O sofá de 2 m de comprimento e três lugares delimita, com a mesa de jantar, os ambientes e a passagem para os quartos. Em tom claro, para ampliar, o piso laminado apresenta-se no padrão pátina branca

O mesmo piso laminado reveste a cozinha, cujos armários têm acabamento igual ao dos móveis da sala

A mesa de jantar (0,90 x 1,20 m) se encaixa na parede de 0,60 m que sobrou da cozinha e faz divisão com o sofá

Com a ampliação do vão do hall de entrada, foi possível colocar o aparador de vidro e o pufe

O piso laminado do tipo régua foi colocado no sentido mais longo da sala para encompridar o ambiente

PEQUENOS ESPAÇOS | 79

Como cabeceira, a caixa feita de madeira laqueada, em torno da janela, tem 5 cm de profundidade

Os criados soltos, com rodízios, têm dois gavetões para guardar peças de roupas

Tudo branco no quarto principal: a ideia é ampliar e deixar o espaço mais agradável. Para uma melhor circulação, a cama foi encostada na parede maior, embaixo da vidraça

No segundo quarto, a porta do tipo camarão feita sob medida ocupa menos área porque é dobrável

Na cabeceira da cama, a caixa em torno da vidraça tem espaço para embutir a persiana de alumínio

Perfil do morador:
mulher que mora em Minas Gerais, mas sempre visita São Paulo

Grande solução:
aumento dos vãos da cozinha para a sala, com eliminação da porta

Serviços executados:
demolição de paredes; troca de revestimentos; piso laminado; gesso; parte elétrica; iluminação; marcenaria e pintura em geral

Duração da obra:
40 dias

Custo total: $$

Luxo em tons
escuros

Misturado com papel e madeira acinzentados, o preto, usado em piso, parede e bancada, amplia os ambientes ao criar fundo infinito. Decorado com peças clássicas, o dúplex exala sofisticação

> A parede é revestida de papel em tom acinzentado, igual ao do tecido que forra o sofá

O PRETO É INFINITO. Com base nessa certeza, o arquiteto Fernando Macedo apostou no piso de granito preto, nas paredes e nos móveis revestidos de madeira e papel em tons acinzentados e em peças clássicas na reforma de seu apartamento de 45 m². "Sou contra a história de que o preto diminui os ambientes. Fica só mais sofisticado", diz. Após demolir as paredes dos dois quartos e da cozinha, ele investiu em projetos de marcenaria com peças revestidas do padrão de madeira Valnut Cobalto, para criar unidade. Uma estante multiuso separa a sala do único dormitório. Apoiada numa cômoda, com gavetas voltadas para o quarto, a TV de plasma fica em boxe giratório para ser vista dos dois ambientes.

Do lado da sala, Macedo colocou a bancada de trabalho e as prateleiras fixadas em painel que fecha a janela do antigo quarto. Fez ainda parede de madeira com 15 cm de profundidade

> O tapete listrado faz a sala parecer mais larga e ilumina o piso escuro

onde colocou suportes para CDs. Outra importante mudança ele realizou na área de serviço. A lavanderia foi praticamente eliminada e os armários de cozinha, que vão do chão ao teto, ocuparam também esse espaço. "Coloquei máquina que lava e seca a roupa embutida no armário e optei pelo aquecimento de água elétrico para eliminar o aquecedor a gás, que é volumoso", afirma. Tanto o aquecedor elétrico como o filtro de água foram instalados junto às torneiras, embaixo da pia, para não poluir visualmente a bancada.

Mesmo com móveis clássicos, a sala ficou ampla graças aos vários truques do arquiteto.
Dois painéis de espelho ocupam toda a altura da parede, nas laterais do sofá de 2,10 x 1 m

A mesa de centro oval e baixa de mármore calacata não pesa nem atrapalha a circulação

PEQUENOS ESPAÇOS | 83

Esta parede foi ampliada com trabalho de marcenaria, onde fica o nicho iluminado com uma santa

A TV de plasma fica em boxe giratório com haste pivotante e prateleiras no alto

O quarto ficou maior porque ocupa parte da área do segundo quarto; no restante fica o home office. Para separar os ambientes, o móvel fixo tem gavetas que abrem para o quarto

As cadeiras transparentes Louis Ghost, de Philippe Starck, são perfeitas para pequenos espaços

No lugar da lavanderia, mais armários de cozinha com nicho embaixo para máquina que lava e seca roupas

A parede lateral e a base de madeira da bancada que separa a sala da cozinha possuem armários abertos para a cozinha. A bancada de mármore calacata tem 0,56 m de largura por 1,70 m de comprimento

Cada centímetro da parede da cozinha foi aproveitado com armários revestidos de Valnut Cobalto. O granito preto dá acabamento nobre e amplia, como fundo infinito, a parede acima da bancada

As fotos de família foram organizadas na parede revestida de papel em tom mais claro

A moldura de madeira, onde estão encaixadas as cortinas, não deixa vazar luz nas laterais

A madeira Valnut Cobalto também reveste os móveis do quarto, com cama king size. Os painéis de madeira tomam toda a largura da parede para que ela pareça mais larga. Versátil, o boxe giratório permite assistir à TV na sala e no quarto

Com 17 cm de espessura, a ponta da parede tem suportes para guardar CDs e porta com abertura de toque

A parede de marcenaria foi instalada entre a sala e a suíte, ao lado da porta do banheiro

O boxe giratório mede 1,50 x 1,16 m e a base fixa 1,80 x 0,90 m

Com tampo de vidro, a bancada de trabalho tem estrutura de aço que não pesa no ambiente

Perfil do morador:
arquiteto solteiro

Grande solução:
retirada das paredes dos dois quartos e da cozinha e criação de estantes multiusos

Serviços executados:
demolição de paredes; colocação de espelhos, piso e revestimentos; criação de estantes e armários; eliminação da lavanderia; pintura em geral

Duração da obra:
três meses

Custo total: $$$

Painel com foto da Torre Eiffel disfarça o fundo da TV no boxe

PEQUENOS ESPAÇOS | 87

A sala invade o terraço

A eliminação de paredes e portas resultou em ambientes integrados e mais amplos, unificados por piso de cimento queimado. O terraço virou um lugar para receber: tem mesa de jantar e um sedutor deque com futon. Para se jogar

NA COBERTURA de 50 m², o terraço ocupava os 15 m² que foram incorporados ao living com a abertura do vão (onde havia uma porta-janela) até a viga e o fechamento da área com caixilhos, vidro e cobertura de policarbonato. Na integração, o contrapiso do apartamento foi nivelado e recebeu cimento queimado como piso único, com exceção do banheiro, revestido de pastilhas de vidro. "A sensação é de espaço maior", diz a arquiteta Paula Bittar, que reformou o apartamento. "Preferi fazer o piso em tom quente (*ocre*) porque a maioria das paredes é branca e os móveis são de madeira cherry, que é clara."

Para tornar possível a colocação de mais armários na cozinha, Paula retirou a porta e o batente, deixando o vão aberto para a sala. Ela ainda abriu uma janela para a sala expandida, com balcão de apoio para refeições. Ali as paredes pintadas de vermelho não pesam no ambiente, que é bem iluminado. A tinta antimofo economizou em cada parede pelo menos 2 cm que eram ocupados por azulejos e argamassa. No quarto, a troca da porta do tipo camarão pela de correr foi importante para melhorar a circulação. Pelo mesmo motivo, a cama ficou sem cabeceira, mas tem gavetões embaixo para guardar roupa de cama e banho. As paredes laterais, inclusive em torno da janela, foram cobertas por armários embutidos laqueados de branco.

Com as transformações, a moradora passou a receber muito mais os amigos, que se aglomeram com todo o conforto no terraço, hoje um espaço que reúne deque com futon e almofadas e uma mesa de jantar.

> A área do terraço foi incorporada ao living. Por causa da intensa claridade, o ambiente foi pintado com terracal para ganhar aconchego

A porta-janela foi eliminada e o vão foi totalmente aberto até a viga

A viga invertida do prédio foi aproveitada para colocar deque e futon

O contrapiso foi nivelado e recebeu, como piso único, cimento queimado em tom ocre

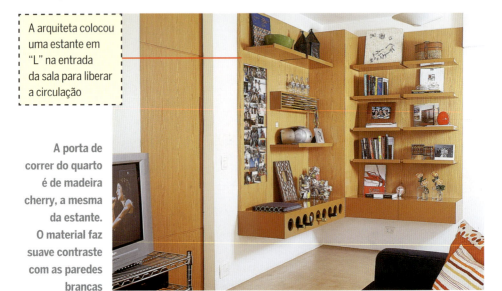

A arquiteta colocou uma estante em "L" na entrada da sala para liberar a circulação

A porta de correr do quarto é de madeira cherry, a mesma da estante. O material faz suave contraste com as paredes brancas

90 | PEQUENOS ESPAÇOS

As paredes da sala foram pintadas de branco. Persianas blecaute quebram a luz que entra pela sacada

Apenas o boxe e o piso do banheiro foram revestidos com pastilhas de vidro em tom caramelo. Dois centímetros foram poupados em cada parede com a substituição dos azulejos por tinta antimofo

As paredes receberam tinta antimofo vermelha no lugar de azulejos

Com 1,50 m de largura, a janela foi aberta até onde o fogão não fosse visto da sala

Perfil do morador:
arquiteta solteira

Grande solução:
incorporar o terraço à sala, fechando-o com cobertura de policarbonato

Serviços executados:
demolição de parede entre a sala e o terraço; abertura da janela da cozinha para o terraço; eliminação da porta da cozinha; troca da porta do quarto; piso de cimento queimado; substituição de azulejos por pintura antimofo; colocação de pastilhas no banheiro; pintura das paredes; armários e estantes

Duração da obra:
dois meses

Custo total: $$

Sem cabeceira, a cama foi feita sob medida (1,40 x 1,90 m) para as pequenas dimensões do quarto

No quarto, a marcenaria foi importante para aproveitar melhor o espaço. Os armários ocupam as paredes laterais, inclusive embaixo e em torno da janela. As cavas nas portas não ocupam espaço, como acontece com os puxadores

PEQUENOS ESPAÇOS | 93

Para alongar a sala, estante

Feitos sob medida, móveis parecem esticar o ambiente ou ocupam mínimo espaço no projeto moderno que, com o branco como base, tira partido do preto para obter profundidade

O aparador é estreito e tem espelho alto (2,10 x 1 m)

A cadeira de acrílico cristal La Marie, de Philippe Starck, quase desaparece no ambiente

Com 3,50 m de altura, a estante de madeira laqueada de branco foi projetada para a sala deste apartamento dúplex de 53 m², em Moema, São Paulo, tomando partido do pé-direito duplo de 5 m. "Como o ambiente é estreito – tem apenas 2,70 m de largura –, criamos a estante para puxar o campo de visão para cima, alongando-o", diz a arquiteta Camila Valentini, que fez a reforma com a decoradora Márcia Nogueira.

Na área de estar, o móvel ocupa toda a largura da parede em frente ao sofá de dois lugares e tem medidas proporcionais ao espaço. A parte mais baixa tem armários fechados, com 60 cm de largura, e a alta prateleiras de 27 cm, tamanho suficiente para guardar livros e objetos. O vidro serigrafado preto colocado no fundo da estante cria a sensação de maior profundidade, enquanto o piso de mármore branco Thassos dá o efeito de espaço mais amplo.

Outra solução bacana foi a troca da pia sem graça do lavabo pela bancada de proporções reduzidas: 45 x 35 cm, com cuba de 28 x 28 cm. Tudo feito de vidro para ficar leve no ambiente modernizado pela pintura em tom de carmim.

Com linhas assimétricas que formam os nichos, a estante laqueada de branco tem visual leve

A meia-esfera de acrílico vermelho quebra o branco das paredes e a frieza do piso de mármore

Os móveis escuros de madeira wengé ebanizada são permitidos porque o piso é claro. A mesa redonda possui base de madeira e tampo de vidro com 1,10 m de diâmetro

Os dois pufes ficam reservados para as visitas

O fundo de vidro serigrafado preto na estante aumenta a profundidade da sala

Ao contrário do se imagina, o tapete preto não reduz visualmente o espaço da sala

A aparência é mais limpa com portas sem puxadores que abrem sob pressão

Os seixos colocados na sacada ajudam a criar a sensação de maior amplitude no living decorado com peças que contrastam os tons de preto e vermelho

Parcialmente integrada à sala, a cozinha é toda branca. A porta foi retirada e o vão ampliado até a estante. O piso de cerâmica branca da cozinha dá continuidade ao de mármore Thassos da sala de estar

No mezanino, o quarto tem paredes brancas, que destacam a cama com cabeceira e criado de wengé ebanizado

O espelho da largura da parede amplia visualmente o ambiente em tom de carmim

No lavabo de 0,85 x 1,50 m, a pia de vidro transparente foi confeccionada com dimensões adequadas para o espaço

A bancada mede 45 x 35 cm e a cuba 28 x 28 cm

Perfil do morador:
jovem executiva

Grande solução:
a estante alta de madeira laqueada com fundo de vidro serigrafado preto que alonga e dá maior profundidade à sala

Serviços executados:
colocação de piso de mármore, seixos e carpete; pintura das paredes; criação da bancada e cuba no lavabo; marcenaria com espelho e vidros temperado e serigrafado

Duração da obra:
um ano (de acordo com o orçamento da cliente)

Custo total:
(sem os armários da cozinha e do quarto)

PEQUENOS ESPAÇOS | 99

Domínio da claridade

Com um quarto a menos, o apartamento ganhou luminosidade graças ao piso claro de cerâmica e aos móveis de madeira marfim ou laqueados de branco. Tanta luz permitiu um bem-vindo toque de preto

PRÁTICO, o piso de cerâmica branco garantiu a claridade em todos os ambientes deste apartamento de 55 m² reformado pela decoradora Lídia Damy Sita e pela designer de interiores Karina Baratto. Para o conforto de um jovem casal, um dos dois quartos foi eliminado. Parte da área foi fechada com parede de alvenaria para a criação do closet, aberto para a suíte. E o restante foi acrescentado ao living, que ficou com 23 m² distribuídos em dois ambientes de estar – um para assistir à TV e outro para bate-papo – mais o de jantar. Com a abertura de meia-parede da cozinha para a colocação de balcão, a impressão de amplitude é ainda maior.

Os acabamentos em bege, da cozinha e dos banheiros, foram trocados por peças brancas, que aumentam e iluminam os espaços. Os móveis feitos sob medida são de madeira marfim ou laqueados de branco. "Tudo é solto para ficar fácil de mudar de lugar", diz Lídia. Ela criou linguagem em preto e branco, que não pesa nos ambientes, colocando pastilha de vidro preta entre os azulejos da cozinha. E, na sala, o sofá preto e o tapete de sisal com borda da mesma cor entram para aquecer um pouco.

O tapete de sisal e o sofá de veludo preto aquecem um pouco a área de estar

O teto de gesso disfarça a viga de concreto que apareceu com a demolição das paredes

A cortina de voile em toda a extensão da parede, com duas janelas, aumenta visualmente o espaço

O living foi ampliado com a eliminação de um dos dois quartos. As paredes receberam tinta em tom de cru. Apenas uma, atrás do sofá de couro branco, foi pintada de cinza-prata. O piso de cerâmica branca integra e ilumina todos os cômodos

O home theater fica na estante desenhada pelas profissionais. Solta da parede, divide os ambientes no living. A madeira marfim foi escolhida por ser clara, ideal para espaços pequenos

O espelho dá acabamento na lateral dos armários e duplica o espaço

Por estar na área social, o balcão tem iluminação de pendentes com lâmpadas dicroicas

Metade da parede da cozinha foi demolida até a altura do balcão para refeições rápidas. O balcão tem a largura de dois armários, um instalado do lado da cozinha e o outro do lado da sala de jantar

O armário da sala de jantar tem bufê branco laqueado com rodízios para ser usado como aparador

O armário ocupa a parede entre a sala de jantar e a cozinha e tem portas de vidro para dar leveza

Mesa redonda (1,10 m de diâmetro) funciona melhor: cabem até seis pessoas e não tem pontas que atrapalham a circulação

O piso de todo o apartamento foi substituído por cerâmica branca, que, colocada em sentido diagonal, dá a sensação de maior amplitude

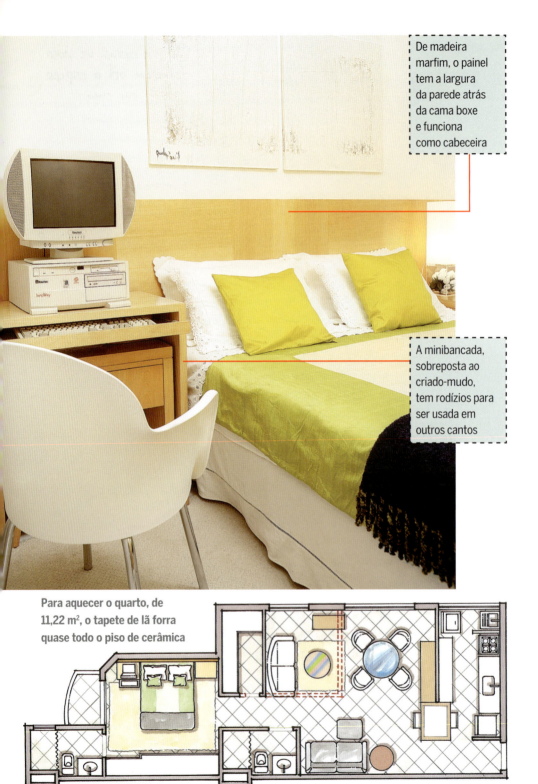

De madeira marfim, o painel tem a largura da parede atrás da cama boxe e funciona como cabeceira

A minibancada, sobreposta ao criado-mudo, tem rodízios para ser usada em outros cantos

Para aquecer o quarto, de 11,22 m², o tapete de lã forra quase todo o piso de cerâmica

As prateleiras de vidro tornaram útil o espaço perdido em cima do vaso sanitário

Todos os acabamentos do banheiro que eram em bege foram trocados por branco, para clarear o ambiente

Perfil dos moradores:
casal jovem sem filhos, que gosta de receber

Grande solução:
ampliação dos ambientes com a eliminação de um dos dois quartos

Serviços executados:
demolição de paredes; construção de parede; retirada de porta; colocação de balcão; troca de piso; substituição dos acabamentos da cozinha e dos banheiros; colocação de teto de gesso; marcenaria e pintura em geral

Duração da obra:
três meses

Custo total: $$

Parte do antigo quarto deu origem ao closet, também todo feito de madeira marfim

60 m²

A poltrona art déco tem braços estreitos, o que economiza espaço

O móvel da TV, com rodízio, tem o mesmo tom de carvalho da parede, para dar uniformidade visual

Harmonia
em tons iluminados

O isolamento parcial da cozinha com painéis de gesso acartonado branco e o clareamento do piso deixaram a área social ampla e agradável. Mais aconchego foi obtido com a parede revestida de papel

A SENSAÇÃO VISUAL que se tinha logo ao entrar no dúplex de 60 m² era de que o espaço se resumia a uma cozinha. Para definir a área da sala, os arquitetos Frederico Morán e Haroldo Rodrigues fizeram uma divisória leve, com dois painéis de gesso acartonado e porta de correr, que abre no meio. Tudo foi pintado de branco para ficar em harmonia com os armários revestidos de laminado da mesma cor e não reduzir o espaço. "Não fechamos completamente a cozinha: ela continua aberta apenas de um lado, com balcão de granito. Em cima, colocamos a prateleira com objetos decorativos para ficar com cara de área social e reforçar a ideia de integração com a sala", diz Haroldo.

Para passar a sensação de área maior, o piso de madeira da sala foi clareado. O teto fechado por madeira, na ampliação do pavimento superior, foi pintado de branco. "O teto escuro achatava a sala", afirma o profissional. As paredes também receberam tinta branca, com exceção de uma delas, revestida de papel com textura de madeira carvalho. "Fizemos isso para trazer aconchego, já que essa é a parede que se olha do sofá. Junto a ela ficam a TV, a poltrona de couro preto e a luminária de metal. E o quadro precisava de uma cor atrás", diz Haroldo. Outras soluções práticas foram a criação da mesa de vidro em "U", para guardar pufes embaixo, que não pesa no centro da sala, e a luminária pendente sobre a mesa lateral, livrando espaço.

> Como a mesa lateral é pequena, a solução foi colocar uma luminária pendente no canto

> De vidro em forma de "U" invertido, a mesa de centro guarda embaixo os pufes, liberando espaço

A sala fica mais ampla com as paredes e o teto pintados de branco. O forro de madeira, que reduzia o espaço, recebeu tinta branca, como se fossem lambris no teto. A persiana duette protege sem fazer volume: dá privacidade e deixa entrar luz

PEQUENOS ESPAÇOS | 107

Com 30 cm de largura, a prateleira expõe peças de decoração para que o espaço fique com cara de área social

A cozinha continua parcialmente aberta para a sala; conta com balcão de granito de 60 cm de largura

Em frente à cozinha, o hall de entrada tem decoração com um toque rústico. O aparador é uma mesa antiga de fazenda, suavizada pelo espelho redondo bisotado que fica na parede

No lavabo, o espaço pequeno é ampliado com o espelho em cima da pia. A área embaixo da escada foi aproveitada com a criação do armário com portas de correr e gavetas. A circulação fica mais fácil com a pia de cantos arredondados

Os painéis de drywall (gesso acartonado), com porta de correr, foram colocados para separar a sala da cozinha. O painel maior ganhou escultura na mesma cor da porta, dando volume à peça

Antes escuro, o piso de parquete ficou em tom de mel depois de raspado e clareado com peróxido

O carpete reveste a escada e o quarto com armários no padrão carvalho

Perfil dos morador:
jovem publicitária solteira

Grande solução:
divisórias na cozinha com porta de correr e balcão; clareamento do piso e do teto

Serviços executados:
paredes de gesso; tratamento do piso; bancada de granito; armários; carpete; instalação elétrica; pintura em geral

Duração da obra:
três meses

Custo total: $

A cortina romana tem a vantagem de ser: reta e pouco volumosa não ocupa espaço

Os criados-mudos foram substituídos por gaveteiros baixos, que também servem para guardar peças de vestuário

O banheiro ganhou banheira de hidromassagem e espelho grande que cobre a parede acima da bancada. Como não tem janela, a ventilação é feita pela porta do tipo veneziana

PEQUENOS ESPAÇOS | 111

60 m²

Os painéis de vidro abertos integram o terraço à sala

No canto onde antes ficava a churrasqueira da varanda foi instalada a estante com TV e som

Cobertura repaginada

A transferência dos painéis de vidro para a varanda ampliou a sala. Com isso, a cozinha integrou-se ao espaço, enquanto o banheiro e o quarto ficaram maiores. Um ótimo exemplo de aproveitamento de espaço

COM ÁREA total de 84 m², a cobertura tinha o terraço grande demais em relação ao restante do apartamento. A solução foi reduzi-lo para 24 m² e ampliar a área interna de 47 m² para 60 m². Isso foi possível porque a laje de cobertura avançava para a área externa formando uma varanda com churrasqueira, que foi eliminada na reforma. "Só precisei levar os trilhos dos quatro painéis de vidro, de cada lado, para as pontas da laje. A sala passou de 16,40 m² para 20 m²", diz a designer de interiores Maristella Zanini de Toledo. "A principal preocupação foi ampliar os ambientes e criar armários, o que não era possível com a distribuição anterior."

Além de aumentar o tamanho da sala, Maristella modificou toda a distribuição dos outros ambientes. Derrubou e criou paredes, ampliando o quarto de 8 m² para 11 m², que ganhou armários com profundidade adequada. A cozinha, que era isolada, foi parar dentro da sala, o que levou a alteração nas instalações hidráulica e elétrica. A lavanderia ficou no mesmo canto, mas agora o acesso é pelo banheiro, que ocupou o espaço da antiga cozinha. Na passagem da sala para o banheiro, em frente ao quarto, coube ainda uma rouparia. O piso de taco cumaru reveste quase toda a área interna, com exceção do boxe e da lavanderia.

A coluna que sustenta a laje antes ficava escondida entre as portas de vidro e agora virou elemento decorativo dentro da sala

Com a remoção dos painéis de vidro para a beirada da laje de cobertura, o apartamento ganhou 13 m² de área interna

À noite, a iluminação é indireta. Tem luminária de chão para leitura, ao lado do sofá de sarja marrom-café, e abajur junto à poltrona de veludo areia, para receber os amigos. O tapete kilim é a única peça colorida da decoração em tons neutros

Para quebrar a intensa luminosidade durante o dia, os painéis de vidro são cobertos por cortina de linho cru, franzida em varão, com pouco volume

Na área externa, a banheira foi deslocada para o canto. Assim, foi ampliado o terraço, que recebeu a mesa redonda coberta por toldo retrátil

Extensão da área social, o terraço tem móveis claros e transparentes, de design moderno, em contraste com o piso escuro de mármore e com o deque

PEQUENOS ESPAÇOS | 115

A parede de fundo, ao lado da geladeira, é revestida de espelho, para dar maior profundidade

Instalada num canto da sala, a cozinha tem armários com acabamento de laca e microondas escondido embaixo da bancada de mármore branco, que forma um "L" do chão até o fogão. A mesa-aparador de madeira com vidro no tampo forma um "L" do chão à parede, separando os ambientes

Os bancos ficam guardados embaixo do móvel vazado, liberando a circulação

O banheiro ampliado para a área que era da cozinha ganhou bancada de limestone, com pia embutida

A cama com cabeceira foi aproveitada, mas recebeu pintura branca para "desaparecer" junto à parede de mesma cor. A cortina de linho branco cobre toda a parede lateral, dando continuidade visual ao ambiente

Perfil dos morador:
jornalista jovem e solteira

Grande solução:
ampliação da sala para a varanda e redistribuição dos cômodos internos

Serviços executados:
demolição e construção de paredes; mudanças nas instalações hidráulica e elétrica; colocação de pisos de taco na área interna e de mármore na externa, de bancada de mármore na cozinha e tampo de limestone no banheiro; serviços de marcenaria em geral

Duração da obra:
um mês e meio

Custo total: $$

O roupeiro foi criado no vão com 36 cm de profundidade entre as duas colunas do corredor, na passagem do quarto para o banheiro

PEQUENOS ESPAÇOS | 117

60m²

Tudo aberto e uniforme

Para maior harmonia na integração dos ambientes, móveis multifuncionais foram revestidos com madeira carvalho. No mesmo material, o piso laminado que toma todo o apartamento dá ainda mais unidade

NENHUMA PAREDE foi demolida neste dúplex de 60 m², entregue pela construtora com todos os cômodos abertos. Diante disso, a proposta da arquiteta Vanessa Féres foi criar ambientes integrados, sem nenhuma divisória, com acabamentos iguais. "Fiz as separações com os móveis que desenhei e me preocupei com a unidade. O carvalho, que é uma madeira clara e contemporânea, em composição com o branco, entrou em tudo", diz. A peça principal é a mesa para dois, colocada entre a sala e a cozinha. Encostada na parede, não atrapalha a passagem. Como é extensível, quando desencostada, acomoda até seis pessoas. Outra boa solução foi colocar piso laminado igual em toda a área, incluindo a cozinha. "Não segmenta os espaços e faz o apartamento parecer maior", diz a arquiteta.

O mesmo laminado reveste a parede da cozinha, acima da pia, e os nichos dos armários, com acabamento de PVC branco. "Quando a cozinha é aberta, precisa ficar com o aspecto de área social, e não de serviço", diz Vanessa. Na integração dos ambientes, ela eliminou a lavanderia, junto à bancada da cozinha. "Se fizesse uma parede para separá-las, fecharia mais o espaço." Para reforçar a aparência de área social, ela colocou a persiana de alumínio na janela. "É um recurso barato, não ocupa espaço e pode ficar entreaberta para ventilar." No quarto, o destaque é o painel de madeira laqueada no lugar da cabeceira da cama e o móvel que tem funções de escrivaninha e cômoda. "Às vezes, é melhor ter poucas e maiores peças, com várias funções", afirma.

Com profundidade menor, a estante laqueada tem nicho para encaixar o carrinho da TV

Na sala estreita, a TV fica em prancha giratória, no móvel com rodízios e vazado, que faz o espaço parecer maior. A cortina de voile é transparente para passar a luz, mas dá privacidade e protege os móveis

A prateleira tem função de estante e amarra o ambiente com duas alturas diferentes de pé-direito

O sofá mais robusto, de três lugares, e a poltrona com pufe não atrapalham a circulação na sala

PEQUENOS ESPAÇOS | 119

A luminária de estilo industrial pende do alto do pé-direito duplo. Devido à altura, a cortina abre com cordões, mesmo sistema usado em teatro

A mesa lateral em forma de cubo é vazada para dar leveza

Peças em laranja, vermelho e azul dão cara jovem e descontraída à sala. Três painéis com espelho revestem a parede menor para refletir a luz que entra pela janela, em frente. As paredes foram pintadas com látex fosco em tom de off-white

As persianas brancas combinam mais com a área social

O teto da mesma cor da parede passa a sensação de pé-direito mais alto

A cozinha totalmente aberta para a sala tem o mesmo acabamento de madeira carvalho, nas paredes e no piso. A lavanderia foi eliminada para ampliar o espaço na cozinha

Somente a mesa separa os ambientes. Encostada na parede, não atrapalha a circulação

Extensível, a mesa de 0,70 m de largura pode acomodar até seis pessoas. Fechada, tem 0,90 m de comprimento; e aberta, 1,74 m

PEQUENOS ESPAÇOS | 121

Em vez de cabeceira, o painel laqueado reveste toda a parede atrás da cama até a altura do nicho

Em vez de abajur nos criados pequenos, a iluminação indireta é feita por arandelas fixadas no painel. Sem poluir o ambiente, o móvel junto ao guarda-corpo tem bancada de trabalho, sapateira e gaveteiro. Mede 2,80 x 0,75 x 0,60 m

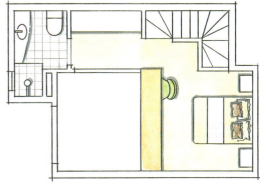

No banheiro, o espelho cobre toda a parede em cima e na lateral da bancada, multiplicando o espaço

Perfil dos morador:
universitária jovem e solteira

Grande solução:
móveis versáteis e com acabamento igual separam ambientes integrados

Serviços executados:
piso laminado; revestimento de parede; móveis da cozinha, da sala e do quarto; colocação de espelhos; marcenaria e pintura em geral

Duração da obra:
três meses

Custo total: $

A prateleira e a bancada curva no lado do boxe não prejudicam a circulação

A madeira freijó aquece o ambiente com revestimentos de cerâmica cinza

69m²

No lugar da parede de alvenaria, eliminada entre as colunas e a viga, a arquiteta fez o armário baixo de MDF que separa a sala de jantar da cozinha. Para ampliar o ambiente, o espelho ocupa a parede inteira onde foi colocado o aparador duplo e suspenso

Em torno da mesa de jantar, com estrutura de inox e tampo de vidro, ficam quatro cadeiras e dois pufes de málaca, que podem ser levados para a sala de estar

Saem as paredes, entram os armários

Com a derrubada das paredes internas de alvenaria, substituídas por armários de MDF, os ambientes foram ampliados. A sensação de espaço ainda maior surgiu com o uso do branco

PRECIOSOS 15 cm foram economizados com cada parede demolida pela arquiteta Fernanda Dabbur na reforma deste apartamento de 69 m², que tinha dois dormitórios e ficou com um. "O objetivo foi ampliar a sala e conseguir um quarto maior", diz Fernanda. Na transformação, ela eliminou todas as paredes internas dos quartos e criou um armário feito de MDF pintado de branco para separar a sala do dormitório ampliado. As portas abrem apenas para dentro do quarto, que ficou maior e, por isso, permitiu o armário com 65 cm de profundidade.

Do lado da sala, a divisória parece uma parede revestida de madeira trabalhada com vincos. Da cozinha para a sala de jantar, ela repetiu a solução: demoliu a parede entre as

> A bancada de madeira, embaixo da janela, corrige a irregularidade que apareceu com a demolição da parede do quarto. Funciona ainda como apoio lateral para o sofá

> A sala de estar foi ampliada com a eliminação de um quarto e a separação do outro dormitório com armário feito de MDF pintado de branco. O tapete claro de algodão e sisal amplia o ambiente e contrasta com a madeira imbuia da mesa de centro e o marrom dos estofados

> Fundo do armário do quarto, a parede de MDF tem prateleira de 10 cm para apoio de quadro e frisos horizontais que alargam o ambiente

colunas e fez armário baixo, criando um passa-pratos. Do lado voltado para a cozinha, nichos e uma porta de correr, e do outro, madeira ripada com acabamento de laca branca.

Com exceção da cozinha, em branco, as demais paredes foram pintadas em tom de off-white. Além de truques de ampliação com espelhos, estantes e prateleiras vazadas, a arquiteta decorou com móveis brancos e pinceladas de madeiras imbuia e zebrano. "Mesclei lacas fosca e brilhante: a primeira em peças maiores, como a estante, e a segunda em elementos de destaque, como o aparador da sala de jantar", afirma. O aconchego ficou por conta dos estofados escuros, em marrom, e do tapete claro, que mistura sisal e algodão cru.

A iluminação de efeitos cênicos é criada por spots embutidos na estante

Para obter visual mais limpo na estante, as gavetas de madeira zebrano têm puxadores embutidos

A estante de laca branca tem partes vazadas, que deixam o móvel leve, e outras fechadas por gavetas e caixas grandes. Para ganhar espaço, a estante tem profundidade de 34 cm, menor do que a convencional, de 65 cm. Só o móvel com rodízios para a TV é maior

Os armários planejados otimizam os espaços. Nem um centímetro é desperdiçado

> Só foi possível colocar uma porta de correr para não reduzir o espaço na cozinha

Sem a parede de alvenaria, o móvel baixo foi instalado entre as colunas de concreto. O armário, que faz divisória com a sala, tem porta de correr que deixa os nichos à mostra na cozinha

A cozinha fica clara e espaçosa com tudo branco: teto, azulejos, armários, eletrodomésticos e piso de cerâmica. Apenas o tampo e os puxadores são de inox

Para liberar espaço no criado, em vez de abajur, luminária pendente do teto

Os spots embutidos foram colocados só em cima da cabeceira para não rebaixar o teto todo e reduzir a altura do quarto e dos armários

A cama boxe é ideal porque a convencional tem estrado que soma 10 cm no comprimento

Solução interessante, útil e charmosa: na falta de espaço para armário, o banheiro ganhou nichos

A pintura epóxi substitui azulejos, que, com a argamassa, roubam centímetros valiosos

Mesmo ampliado, o quarto recebeu armário até numa das laterais da cama. A peça de dois volumes possui detalhes em wengé. Embaixo, tem altura de criado-mudo e profundidade de 50 cm. Em cima, a profundidade é menor: 40 cm. Cavas na madeira laqueada de branco substituem os puxadores

Perfil dos morador:
mulher solteira, administradora de empresas

Grande solução:
trocar paredes por espaços úteis

Serviços executados:
demolição de paredes; armários como divisórias de ambientes; armários embutidos, estantes e prateleiras; painéis de madeira; nichos no banheiro; pintura geral; revestimentos com espelho; iluminação

Duração da obra: três meses

Custo total: $$

70 m²

> As persianas de alumínio 50 mm controlam a claridade sem fazer volume

Reforma
moderna

Cinco paredes foram demolidas para transformar o apartamento antigo de três quartos em um atualíssimo, com uma suíte master. Vigas de concreto à mostra, revestimento de pastilhas e armários arrojados deram beleza

> O sofá tem apoio lateral que dispensa mesinhas

PARA CONSEGUIR a amplitude que desejava no prédio dos anos 1970, a arquiteta Sabrina Baukelmann Matar eliminou dois dos três quartos deste apartamento de 70 m². O menor deles foi transformado em closet e o segundo desapareceu com a demolição de duas paredes. Para a criação da suíte master com o quarto que restou e o único banheiro social que havia, foi derrubada a parede do corredor. E outras duas foram abolidas para integrar a cozinha à sala. "Foi possível abrir tudo porque o prédio não tem colunas internas, apenas vigas de concreto apoiadas em pilares externos", diz a arquiteta. Ela lixou as vigas para ficarem aparentes nas poucas paredes de blocos de gesso que permaneceram, pintadas na cor branca.

A sala, o quarto e o closet foram revestidos de tacos-palito de amêndola. A cozinha ganhou piso de cimento em placas (1 x 1 m) e o banheiro pastilhas brancas salpicadas de coloridas. No lavabo, que era o banheiro da área de serviço, o revestimento de cerâmica foi substituído por pastilhas no boxe e por tacos no restante. A reforma incluiu a instalação de bancadas de limestone e de granito. E também a troca dos caixilhos das vidraças, que possuem a largura dos vãos e receberam persianas para ficar com visual limpo. A arquiteta desenhou todos os armários: ebanizados, com acabamento de laca ou portas de vidro. Boa parte foi colocada embaixo das janelas para melhor aproveitamento do espaço. Nenhum tem puxador: apenas cava na madeira ou abertura por toque.

No living, a sala de jantar ocupa o espaço de um dos quartos eliminados

O gaveteiro do aparador, com 35 cm de profundidade e portas de vidro, é apoiado de um dos lados no nicho do home theater, que tem 50 cm de profundidade. Leves na aparência, os dois somam 5 m de comprimento

A viga de concreto foi lixada para dar ar moderno e contrastar com as paredes pintadas com tinta acrílica fosca branca

O piso de tacos-palito de amêndola é claro e integra os espaços

No volume pintado com tinta acrílica fosca preta ficam as portas da entrada principal e da cozinha

Com 5 m de comprimento, o espelho dobra o tamanho do ambiente

Os rodapés de inox polido ficam recuados na parede recortada, para não pesar visualmente

Na sala com poucos móveis e em tons neutros, o espelho horizontal de 55 cm de altura ocupa toda a largura da parede, da janela até a porta de entrada

O banheiro tem vidraça grande, no mesmo formato que as dos demais cômodos. O boxe de vidro transparente deixa a luz natural penetrar no ambiente. As pastilhas brancas salpicadas de coloridas clareiam o espaço

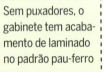

Sem puxadores, o gabinete tem acabamento de laminado no padrão pau-ferro

Limpeza visual com os registros da torneira na lateral da bancada com cuba de pedra limestone

A cozinha foi aberta para a sala e teve as paredes em torno da vidraça revestidas com pastilhas em tom chocolate, com riscos dourados. A bancada de granito preto São Gabriel (95 x 190 cm) fica no meio da cozinha, e não divide este ambiente da sala, como pode parecer

134 | PEQUENOS ESPAÇOS

Os gaveteiros laqueados (50 cm) têm puxadores embutidos na madeira e iluminação embaixo

O armário preto, junto à coluna de concreto, tem porta que se abre com toque e 30 cm de profundidade

O quarto tem armários apenas na parede da vidraça, o que permitiu medidas maiores para a cama (1,80 x 2,00 m) revestida de tecido. Estofada, a cabeceira tem a largura da cama

Perfil dos morador:
jovem arquiteta solteira

Grande solução:
demolição de paredes internas para criar ambientes amplos e integrados

Serviços executados:
demolição de paredes de blocos de gesso; troca de todos os pisos por tacos, placas de cimento e pastilhas; substituição de portas e de caixilhos; colocação de espelhos; pintura e marcenaria

Duração da obra:
quatro meses

Custo total: $$

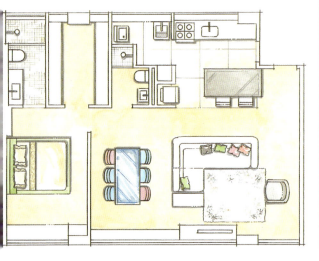

10

mandamentos
dos
pequenos
espaços

1 Use tampos de vidro transparente em mesas e móveis vazados para não bloquear a visão de todo o ambiente

2 Crie estante multiuso com suporte para TV, prateleiras, nichos e bancada de trabalho

3

Fixe espelhos em paredes, divisórias e portas de armários para duplicar o espaço

4

Pinte a maioria das paredes em tons claros para dar a sensação que o espaço é mais amplo

5

Evite moldura de gesso no teto e pinte o rodapé da cor da parede para o pé-direito parecer mais alto

6

Elimine a parede entre a sala e a cozinha e instale mesa de jantar estreita para separar os espaços

7

Instale o mesmo piso em toda a área para unificá-la. Só banheiro e lavanderia precisam de piso frio

8

Escolha revestimentos menores, como pastilhas, para passar a impressão de ambientes maiores

9

Coloque no piso tábuas de madeira no sentido do comprimento para alongar o cômodo

10

Substitua a cama tradicional pela boxe e a cabeceira por pintura ou painel fixado na parede

Endereços

dos profissionais que assinam os 22 projetos

Antonio Gomes Junior – Rua Afonso Brás, 408, cj. 101, V. Nova Conceição. Tel. (11) 3842-6442, São Paulo, SP

Camila Valentini e Márcia T. Nogueira – Travessa Camaragibe, 18, Barra Funda. Tel. (11) 3666-2741/ 3666-6267, São Paulo, SP, www.camilavalentini.com.br

Cilene Monteiro Lupi – Al. Franca, 1.557, Jardins. Tel. (11) 3062-7650, São Paulo, SP

Cristina Bozian – Av. Pedroso de Moraes, 318, sala 4, Pinheiros. Tel. (11) 3815-3179, São Paulo, SP, www.cristinabozian.com.br

Fabiana Frattini e Carla Manfrini – Rua Haddock Lobo, 846, cj. 102, Torre Beta, Jardins. Tel. (11) 3062-5065, São Paulo, SP

Fernanda Dabbur – Av. Rouxinol, 1.041, cj. 1.503, Moema. Tel. 5051-5214/5052-8506, São Paulo, SP, www.fedabbur.com.br

Fernanda Moreira – Rua Tabapuã, 474, cj. 105. Itaim Bibi. Tel. (11) 3477-1606, São Paulo, SP, fernandafantaguzzi@terra.com.br

Fernando Macedo – Al. Gabriel Monteiro da Silva, 276, Jd. Paulistano. Tel. (11) 3891-0686, São Paulo, SP, studiofernandomacedo@uol.com.br

Fernando Piva – Av. Nove de Julho, 5.593, cj. 111, Jd. Europa. Tel. (11) 3168-1711, São Paulo, SP, www.fernandopiva.com.br

Francisco Cálio – Rua Conde de Sousel, 266, Jd. América. Tel. (11) 3031-4139/3813-4803, São Paulo, SP, www.calio.com.br

Frederico Morán e Haroldo Rodrigues – Al. Barão de Campos Gerais, 761, Real Park. Tel. (11) 3758-5919, São Paulo, SP, rodriguesmoran.com.br

Lídia Damy Sita e Karina Baratto – Rua Tabapuã, 1.666, apto. 21, Moema. Tel. (11) 3078-8585/9629, São Paulo, SP

Magda Papacena Braga e Armando Garcia – Tel. (11) 5594-7788/5093-7403. São Paulo, SP, www.decoradoresdeinteriores.com.br

Maristella Zanini de Toledo – Rua da Mata, 205, Itaim Bibi. Tel. (11) 3078-6112/6420, São Paulo, SP, m.zanini@terra.com.br

Martha Haberbeck/Cristiane Jacobsen Bisker – Tel. (11) 3873-7217/5052-3698/5543-2341, São Paulo, SP

Paula Bittar – Rua Sergipe, 475, cj. 303, Higienópolis. Tel. (11) 3663-0987, São Paulo, SP, www.paulabittar.com.br

Reinaldo Casagrande – Av. Nove de Julho, 5.593, sala 13, Jd. Europa. Tel. 3079-9633/4260, São Paulo, SP

Rodrigo de Moura Albuquerque – R. Saint Hilaire, 118, cj. 114, Jardim Paulista. Tel. (11) 3097-0268, São Paulo, SP

Sabrina Baukelmann Matar – Rua João Lourenço, 91, V. Nova Conceição. Tel. (11) 5521-2592, São Paulo, SP, www.sabrinabaukelmannmatar.com.br

Triptyque – Al. Gabriel Monteiro da Silva, 484, Jd. Paulistano. Tel. (11) 3031-9181, São Paulo, SP, www.triptyque.com

Vanessa Féres – Rua Horácio Lafer, 152, Itaim Bibi. Tel. (11) 3078-2616, São Paulo, SP, www.vanessaferes.com.br

Vivian Calissi – Al. Gabriel Monteiro da Silva, 1.282, Jd. Paulistano. Tel. (11) 3088-0999, São Paulo, SP, www.capolavoro.com.br

Copyright © 2007 by Editora Globo S.A. para a presente edição

Edição: Renata Rangel
Organização: Marilena Dêgelo
Revisão: Alice Rejaili Augusto
Capa e projeto gráfico: Roberto Tortelli
Ilustrações: Alice Campoy
Fotos: André Fortes, Edu Castello, João Ribeiro, José Wittner, Marcelo Palhais e Ricardo Novelli

Todos os direitos reservados. Nenhuma parte desta edição pode ser utilizada ou reproduzida – por qualquer meio ou forma, seja mecânico ou eletrônico, fotocópia, gravação etc. – nem apropriada ou estocada em sistema de banco de dados sem a expressa autorização da editora.

Texto fixado conforme as regras do Novo Acordo Ortográfico da Língua Portuguesa (Decreto Legislativo n⁰ 54, de 1995).

1ª edição, 2007
7ª reimpressão, 2011

Impressão e acabamento: Gráfica Ave Maria

Dados Internacionais de Catalogação na Publicação (CIP)
(Câmara Brasileira do Livro, SP, Brasil)

Pequenos espaços : truques para ampliar 22 apartamentos
de 25 a 70 m2 / organização Marilena Dêgelo.
– São Paulo : Globo, 2007.
Vários colaboradores.

ISBN 978-85-250-4297-2

1. Arquitetura - Decoração e ornamento 2. Arquitetura - Projetos e plantas 3. Arquitetura de interiores 4. Arquitetura habitacional 5. Design
6. Espaço (Arquitetura)
I. Dêgelo, Marilena.

07-4113 CDD-729

Índices para catálogo sistemático:
1. Áreas residenciais : Arquitetura de interiores : Planejamento 729
2. Arquitetura de interiores : Áreas residenciais : Planejamento 729

EDITORA GLOBO S.A.
Av. Jaguaré, 1.485
05346-902 – São Paulo, SP, Brasil
www.globolivros.com.br